ISBN: 9781791772499

First printing December 2018

Published by My Generation of Polyglots

https://mygenerationofpolyglots.com/

This is a work of fiction based loosely on true events that occurred in Baja California, Mexico. While the characters and specific events narrated in this book are fictitious, the struggle to protect the birthing lagoons used by the grey whales is very real and ongoing. Names, characters, businesses, places, events, locales, and incidents in this book are either the products of the author's imagination or used in a fictitious manner. Any resemblance to actual persons, living or dead, or actual events is purely coincidental... except for the fact that an actor known for his role as James Bond did actually travel to San Ignacio to support the community. Yeah, that really happened!

For the real Mercedes, known as Mercie not Meche, who spent our class periods dreaming about whales

and for all of my students from Southern California who live with one foot in the USA and one foot in Mexico

and for Rebecca, who first brought me along this journey to the whale birthing lagoons in Baja California Sur.

Meche y las ballenas

whale videos:
https://www.youtube.com/
watch?v=T9ZxttgU8Vs

Prólogo

En 1994 representantes del *gobierno*[1] mexicano se reunieron con representantes de una compañía japonesa en Tokio, Japón. Decidieron que la compañía japonesa *haría*[2] una enorme *fábrica de sal* [3] en Baja California del Sur. Había un gran *banquete*[4] donde todos los presentes comieron comidas exóticas y bebieron demasiado. Sin embargo, había un problema: nadie les había pedido la opinión a las personas que vivían en Baja California del Sur.

---

[1] **gobierno**: government
[2] **haría**: would make
[3] **fábrica de sal**: salt factory
[4] **banquete**: banquet, feast

¡Vamos a ganar mucho dinero!

1. Nadie viaja de noche

Llegan[5] muy de noche, a la hora del **diablo**[6]. El padre de Meche ya está despierto y listo para lo que pase, al lado de la puerta, con la **escopeta**[7] en la mano. Meche y su padre viven en el desierto, lejos de todo. El **camino**[8] no es asfaltado, es muy difícil pasar **aún cuando**[9] hay luz de día. Nadie viaja de noche. Nadie, excepto criminales, delincuentes,

---

[5] **Llegan**: they arrive
[6] **diablo**: devil
[7] **escopeta**: rifle
[8] **camino**: path, road
[9] **aún cuando**: even when

narcos[10] y... su padre mueve la cortina, mira por la ventana y los ve: turistas.

A las cinco, Meche y su padre se despiertan para hacer el desayuno. Al salir de la casita donde viven, Meche ve que los turistas *han armado*[11] sus *tiendas de acampar*[12] de tal manera que bloquean la vista a la bahía. O mejor, bloquean la vista a todos, menos a ellos.

---

[10] **narcos**: drug traffickers
[11] **han armado**: they have put up
[12] **tiendas de acampar**: tents

Sin embargo,[13] ella sonríe. A ella le gustan los visitantes. Le gusta la **charla**[14], las voces diferentes, y sobre todo le gusta pasar la tarde en la bahía con las ballenas y sus bebés, los **ballenatos**[15].

---

[13] **sin embargo**: nonetheless
[14] **charla**: chats, small talk
[15] **ballenatos**: baby whales

2. En la Ciudad de México

– Vamos a construir una
fábrica de sal[16] en el
desierto donde no vive
nadie...

---

3. Más ruido[17] de lo necesario

Sale de la casita y hace más **ruido**[17] de lo necesario *para que*[18] los turistas se despierten. Ella oye movimiento en las tiendas de acampar. Pronto vendrán al restaurante para pedir café caliente y platos de huevos. *Si sirviera*[19] los huevos con frijoles y tortillas, los turistas no los comerían. Entonces hace grandes platos de huevos sin salsa... nada *picante*[20]. *Mientras que*[21] ella trabaja, oye abrir la puerta detrás de ella.

---

[17] **ruido**: noise
[18] **para que**: so that
[19] **si sirviera**: if she were to serve
[20] **picante**: spicy
[21] **mientras que**: while

— ¿Qué pasa? —pregunta *una voz conocida*[22]. Meche *se vuelve*[23] rápidamente para ver la *cara*[24] de su mejor amigo, mirándola por la puerta abierta.

— ¿¡Qué haces tú aquí?! ¿Por qué no estás en San Diego? le pregunta Meche. Se conocieron cuando Meche vivía en San Diego con su madre. Ahora que Meche vive en Baja California Sur con la familia de su padre, solamente lo ve cuando regresa a los EEUU para visitar a su mamá.

— Fue una sorpresa para mi también. No teníamos planes para

---

[22] **una voz conocida**: a familiar voice
[23] **se vuelve**: turns around
[24] *cara*: face

el feriado puente[25], entonces, a último momento mi madre **propuso**[26] un viaje para ver las ballenas.

---

[25] **feriado puente:** long weekend
[26] **propuso:** she proposed, suggested

Trajimos[27] un grupo de amigos que nunca han visto las ballenas. ¿Todavía están las ballenas en la laguna?

La madre de Luke es una amiga de la familia, de los años cuando su papá estudiaba Biología Marina en la Universidad. Ahora ella es profesora de Oceanografía en San Diego.

— Sí, van a estar aquí hasta abril.
Meche volvió a mirar el montón de huevos.
— ***Déjame[28]*** cocinar y nos hablamos después, ok?
— Vale –respondió Luke.
Meche vuelve hacia la cocina y busca jalapeños y salsa picante. Sabe que a su mejor amigo le gusta la comida picante.

---

[27] **trajimos**: we brought
[28] **Déjame**: let me

4. Tokio

Hay una compañía en Japón
que quiere construir la
fábrica de sal.

Hacen planes para empezar
la construcción.

5. Casi una amistad[29]

Pasan la tarde en las ***pangas***[30] en la laguna. **Además de**[31] Luke y su madre, los turistas son un grupo de doce estadounidenses. Su papá lleva a los hombres y a las mujeres mayores en una panga mientras que Meche lleva a los adolescentes con ella. Casi nadie habla español. ***Aunque***[32] Meche entiende bien el inglés, ella no les dice nada. Se comunican con ***gestos***[33].

Cuando Meche era niña ella asistía a una escuela en los Estados Unidos. ***Sin embargo***[34] siempre hablaba el español en casa con su

---

[29] **Casi una amistad**: Almost a friendship
[30] **pangas**: small boats
[31] **Además de**: in addition to
[32] **Aunque**: although
[33] **gestos**: gestures
[34] **Sin embargo**: nonetheless

familia y ahora se siente tímida
cuando trata de hablar inglés.

No hay ningún problema: todos
saben porque están allí. Quieren ver
de cerca las ballenas y sus ballenatos.
Se comunican con gestos. Si es
posible, **tocarán**[35] un **ballenato**[36] con
sus propias manos, acariciándolo
como si fuera un perro domesticado.

---

[35] **tocarán**: they will touch
[36] **ballenato**: a baby whale

La laguna San Ignacio en Baja California Sur es un lugar singular. No hay otro lugar en todo el mundo donde las ballenas sean tan **amistosas**[37]. Los ballenatos **se acercan**[38] a las pangas y **dejan**[39] que la gente los toque, mientras que sus madres observan todo. **Si fuera**[40] necesario la madre ballena podría proteger a su bebé. **Podría volcar la panga**[41] como si fuera nada. Pero nunca lo hacen. Las ballenas son muy amistosas.

En el pasado, cuando la gente **cazaba**[42] a las ballenas, era diferente. Las ballenas atacaban los barcos para proteger a sus ballenatos. Cuando **se**

---

[37] **amistosas**: friendly
[38] **se acercan**: they get close
[39] **dejan**: they allow
[40] **si fuera**: if it were
[41] **podría volcar la panga**: he could flip the boat
[42] **cazaba**: used to hunt

México

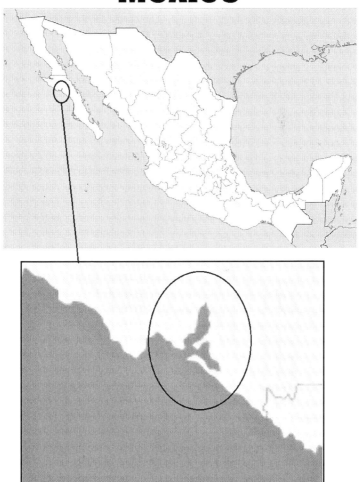

Laguna San Ignacio

volcaban[43] los barcos, los pescadores
se ahogaban[44] en el océano. Dicen
que las ballenas enojadas jugaban
con los cuerpos de los pescadores
como si fueran balones de fútbol.
Ahora se prohíbe *la caza*[45] de
ballenas en aguas mexicanas y hay
una *paz*[46] extraña entre las ballenas y
los seres humanos. Sí, hay *casi una
amistad*[47].

---

[43] **se volcaban**: flipped
[44] **se ahogaban**: drowned
[45] **la caza**: the hunt
[46] **paz**: peace
[47] **casi una amistad**: almost a friendship

6. El desarrollo económico[48]

La laguna San Ignacio es como un parque infantil para los ballenatos. Crecen sin tener miedo de los **depredadores**[49] que **los amenazan**[50] en el océano. Es importante que haya un lugar donde pueden crecer antes de salir de la laguna.

---

[48] **desarollo económico**: economic development
[49] **depredadores**: predators
[50] **los amenazan**: threaten them

La construcción de una fábrica de sal en la región **sería un peligro**[51] para las ballenas. Los **buques**[52] enormes para transportar la sal serían un peligro.

---

[51] sería un peligro: would be a danger
[52] buques: ships

Un hombre de negocios[53]

presenta el plan para
construir la fábrica de sal.

---

[53] **un hombre de negocios**: a businessman

Antes de empezar la construcción necesitan hacer un estudio sobre el **impacto ambiental**[54] del proyecto *pero...*

...**ni a los políticos ni**[55] a los hombres de negocio **les importan**[56] las ballenas.

---

7. Unos ojos negros y llorosos[57]

Meche *dirige*[58] la panga al centro de la bahía. Pasan una hora sin ver nada cuando, *de repente*[59], en la distancia, una ballena gris *salta fuera*[60] del agua. Los turistas aplauden *como si fuera un circo*[61]. Meche apaga el motor y señala con el dedo a la derecha. Todos los turistas están mirando hacia el horizonte cuando *de repente* alguien lo ve: un ojo en el océano, muy cerca. Es un ojo negro que parece inteligente y triste *a la vez*[62]. Un momento está allí, y luego desaparece debajo las

---

[57] **llorosos**: watery from crying
[58] **dirige**: drives
[59] **de repente**: all of a sudden
[60] **salta fuera de**: leaps out of
[61] **como si fuera un circo**: as if it were a circus
[62] **a la vez**: at the same time

olas. Ahora todos los turistas están examinando *la superficie*[63] del agua.

– Ballena –dice en español uno de los adolescentes rubios– ballena... ven, ven.

---

[63] **la superficie**: the surface

El agua cambia de color y todos ven que una ballena enorme está debajo de la panga pequeña. Pasa por debajo, ***despacio***[64], con calma, como si la ballena ***supiera***[65] que un movimiento ***brusco***[66] podía volcar la panga. Se puede ver ***la piel***[67] negra de la ballena, con muchas ***cicatrices***[68]. Pasa mucho tiempo hasta que la ***cola***[69] de la ballena se ve debajo de la panga.

Los turistas siguen examinando la superficie del agua, ahora en silencio. Todos están ***asombrados***[70] y no dicen nada. Una de las jóvenes mira a las fotos que tomó, como si no pudiera creer lo que vio sin ellas.

---

[64] **despacio**: slowly
[65] (como si) **supiera**: (as if) he knew
[66] **brusco**: sudden
[67] **la piel**: the skin
[68] **cicatrices**: scars
[69] **cola**: tail
[70] **asombrados**: shocked

Meche señala con el dedo: la ballena
***ha subido**[71]* de nuevo, a veinte
metros, ahora en paralelo a la panga.

– Hablas el español mejor que
antes –le dice Meche a Luke.
– Estoy aprendiendo –le
responde. Tiene el cuerpo ***fornido**[72]*
de un jugador de fútbol americano.
– Allí está la mamá – dice
Meche, señalando a la ballena– Ella
vino a mirar...
– Ella... ¿qué? –pregunta Luke.
– La mamá –dice Meche– la
mamá tiene un bebé. El bebé está
cerca. Busca.
El muchacho mira al agua y
traduce para los demás adolescentes.
Meche añade– La mamá ***vigila***
***mientras**[73]* que el bebé...

---

[71] **ha subido**: has risen
[72] **fornido**: thick, strong
[73] **vigila mientras**: stands guard while

En este momento una criatura **del tamaño de**[74] un coche sube a la superficie del agua. **Se acerca a**[75] la panga; tiene lo que parece **un hocico largo**[76] con unos ojos negros y llorosos.

Los chicos ponen las manos en el agua y tocan el ballenato. El ballenato se acerca más y los turistas acarician el hocico del ballenato.

---

[74] **del tamaño de**: the size of
[75] **se acerca a**: he moves close to
[76] **un hocico largo**: a long snout

– Con cuidado –dice
Meche– con *love*, por favor.

8. Una jugada bonita[77]

Dos horas pasan rápidamente antes de que tengan que regresar. Al volver, ven un grupo de **delfines**[78] saltando del agua, pero nadie está impresionado. Solo piensan en las ballenas.

– No lo puedo creer –dice una de las chicas en inglés– me hice amiga de una ballena. No voy a lavarme la mano nunca.
    – No puedes, de todos modos, no hay ducha aquí –responde otro chico con una sonrisa.

Cuando regresan, *la marea está baja*[79] y tienen que caminar casi

---

[77] **una jugada bonita**: a beautiful play (sports)
[78] **delfines**: dolphins
[79] **la marea está baja**: the tide is low

un kilómetro para llegar al *edificio*[80]
donde está el restaurante, las tiendas
de acampar y la casita de Meche.
Meche *se queda atrás*[81] para *anclar*[82]
la panga a unos bloques de cemento;
no quiere que la panga se vaya
flotando *a la deriva*[83] cuando la
marea esté alta. Cuando por fin
vuelve al restaurante, llevando los
salvavidas que los turistas dejaron en
la panga, ve que los adolescentes *han
armado*[84] un partido de fútbol en la
playa.

    — ¡Meche! —grita Luke—
¿Juegas?

    Meche mira con deseo al
partido. No debe, pero quiere. Lo
quiere mucho. Casi nunca hay
bastantes personas para un partido

---

[80] **edificio**: building
[81] **se queda atrás**: remains behind
[82] **anclar**: to anchor
[83] **a la deriva**: adrift
[84] **han armado**: they have set up

de verdad. Pone los **salvavidas**[85] en las rocas al lado de la playa y corre hacia ellos.

— Diez minutos, y después tengo que empezar a hacer la cena.

Juegan por veinte minutos. Es divertido, aunque la mayoría de los adolescentes son **torpes**[86], como si nunca **hubieran tocado**[87] un balón de fútbol antes.

---

[85] **salvavidas**: life jackets
[86] **torpes**: awkward
[87] (como si nunca) **hubieran tocado**: (as if they never) had ever touched

Es un partido amistoso, *hasta que*[88] Luke le quite el balón a Meche con un movimiento *inesperado*[89]. Una jugada bonita, pero pura suerte. *Hasta*[90] Luke se sentía confundido al sentir el balón entre sus pies. Meche no pierde ni un momento, regresa como un *bólido*[91] pero contiene el deseo de *empujarlo*[92].

---

[88] **hasta que**: until
[89] **inesperado**: unexpected
[90] **hasta**: Even
[91] **bólido**: meteorite
[92] **empujarlo**: to push him

Él todavía está intentando controlar el balón y deja mucho espacio entre su cuerpo y el balón. No sabe protegerlo. Meche simplemente *pisa*[93] el balón para pararlo. El chico sigue corriendo cinco metros más, antes de *darse cuenta*[94] de que ya no lo tiene. Cuando *se da vuelta*[95] para ver lo que pasó, Meche ya está al poste *disparando*[96] el balón a portería.

---

[93] **pisa**: steps on
[94] **darse cuenta**: realizing
[95] **se da vuelta**: he turns around
[96] **disparando**: shooting

– Good steal Luke! –grita
burlona[97] una de las chicas
de su equipo. Meche se da
vuelta hacia los demás
chicos.

– Tengo que...
–señala al restaurante
porque sabe
que no
la pueden
entender.

– Nos vemos pronto, durante
la cena.

Saluda con la mano y vuelve a
las rocas donde dejó los **salvavidas**[98].
Luke corre hacia ella mientras
recoge[99] los salvavidas.

---

[97] **burlona**: mocking, teasing
[98] **salvavidas**: life jackets
[99] **recoge**: she picks up

— Te ayudo –dice Luke. Recoge tres salvavidas.

Meche lo mira y **apila**[100] todos los demás salvavidas en sus brazos abiertos.

— Gracias –ríe Meche.

---

[100] **apila**: piles up

9. Con siete personas

Durante la **_cena_**[101] todos se hablan. El padre de Meche habla en inglés con los adultos. Después de cenar, los estadounidenses sacan cuadernos y toman apuntes cuando su padre habla. Hacen planes. Meche lleva **_los trastes sucios_**[102] al fondo para lavarlos. Luke aparece en la puerta.

– ¿Necesitas ayuda? –le pregunta Luke a Meche.

– No la necesito, pero será bienvenida –contesta ella.

Detrás de Luke aparecen todos los otros adolescentes. Con siete personas el trabajo es muy fácil. Lo que Meche **_haría_**[103] en treinta

---

[101] **cena**: dinner
[102] **los trastes sucios**: the dirty dishes
[103] **haría**: would do

minutos está terminado en diez. Es
más fácil cuando la gente *colabora*[104]
para solucionar un problema. Y
mejor: con risas mientras los chicos
juegan con el agua.

---

[104] **colabora**: collaborate

10. La ballena gris

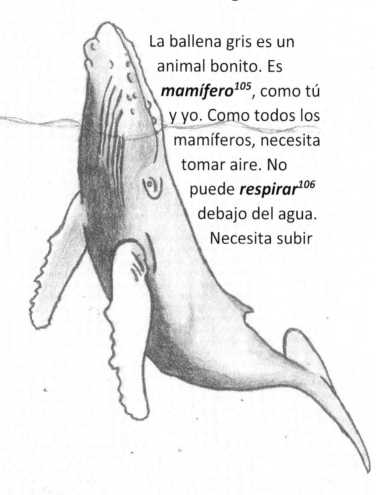

La ballena gris es un animal bonito. Es **mamífero**[105], como tú y yo. Como todos los mamíferos, necesita tomar aire. No puede **respirar**[106] debajo del agua. Necesita subir

---

[105] **mamífero**: mammal
[106] **respirar**: breathe

a la **superficie**[107] del océano para tomar aire. Sin embargo, puede **quedarse**[108] debajo del agua por 30 minutos. Puede bajar 155 metros (500 pies).

En ser humano no puede bajar tanto sin equipaje especial, pero los **pulmones**[109] de las ballenas son diferentes.

---

[107] **superficie**: the surface
[108] **quedarse**: to remain
[109] **pulmones**: lungs

11. Cabo Pulmo

Cuando Meche se despierta a la mañana siguiente, las tiendas de acampar *han desaparecido*[110]. Luke, su madre y los demás turistas desaparecieron **como habían llegado**[111]: en medio de la noche. Su padre se sienta al lado de la ventana con una taza de café caliente. *Su mirada distraída*[112] pasa por a la playa hasta la laguna. Sobre la mesa hay un papel doblado *dirigido a*[113] Meche.

– No lo comprendo... –dice el padre de Meche– no comprendo porque el *gobierno*[114] ayuda a la familia Castro pero no nos ayuda a nosotros.

---

[110] **han desaparecido**: they have disappeared
[111] **como habían llegado**: like they had arrived
[112] **su mirada distraída**: his distracted gaze
[113] **dirigido a**: addressed to
[114] **gobierno**: government

La familia Castro es una familia de *pescadores*[115] en el pueblo de Cabo Pulmo. Ellos *convencieron*[116] al *gobierno* de que declarara una reserva natural en el océano cerca de Cabo Pulmo para proteger la vida marina allí.

— ¿Es para mí? —le pregunta Meche *mientras que*[117] toma el papel.

Su padre está distraído y no le contesta. Meche abre el papel y ve un *dibujo*[118] de una ballena que hizo Luke. En el *dibujo* hay una chica que se ve más o menos como Meche, nadando con la ballena. Su padre,

---

[115] **pescadores**: fishermen
[116] **convencieron**: convinced
[117] **mientras que**: while
[118] **dibujo**: drawing

todavía pensando en la familia
Castro, *dirige la mirada*[119] a Meche.

Haciendo snorkel en Cabo Pulmo

---

[119] **dirige la mirada**: turns to look

— Pienso visitar a la familia Castro cuando termine la **temporada**[120] de ballenas en abril. ¿Quieres ir? Celebraremos tu cumpleaños haciendo snorkel.

— Durante **Semana Santa**[121]? —pregunta Meche— es que... mamá quiere que yo vaya a San Diego para celebrar mi cumpleaños. Sabes que **cumplir dieciséis años**[122] es una gran cosa en los EEUU. *Sweet sixteen*, dicen ellos. Vamos a hacer una fiesta **como si fuera**[123] mi **quinceñera**[124]. O, quizás no tan grande, pero una fiesta igual.

— Ajá... pues, tu madre no me dijo nada. ¿San Diego?

---

[120] **temporada**: season
[121] **Semana Santa**: "Holy Week", the week between Good Friday and Easter when many people in Spanish-speaking countries take time off and schools often close down.
[122] **cumplir dieciséis años**: turning sixteen
[123] **como si fuera**: as if it were
[124] **quinceñera**: celebration of a girl's 15th birthday

– Me gustaría ir, sí –dice Meche. Ella no quiere **discutir**[125], pero sabe que **está al borde de**[126] un tema difícil para su padre. La madre de Meche es estadounidense, y Meche **conserva**[127] la doble nacionalidad. **Sin embargo**[128] su padre no puede **cruzar la frontera**[129] tan fácilmente.

Hace unos meses, cuando ella pensó en la idea de **matricularse**[130] en una universidad estadounidense, él **casi explotó**[131]. Sólo mencionar la vida allá pone a su padre de **malhumor**[132]. Sí, hay un mundo de posibilidades en los Estados Unidos.

---

[125] **discutir**: argue
[126] **está al borde de**: she is on the verge of
[127] **conserva**: she maintains
[128] **sin embargo**: nonetheless
[129] **cruzar la frontera**: cross the border
[130] **matricularse**: enrolling
[131] **casi explotó**: he almost exploded
[132] **malhumor**: in a bad mood

Pero también hay posibilidades cerca de casa. Imaginar a su hija tan lejos de casa, en un *país*[133] en el que *ni podría*[134] entrar, eso lo pone nervioso.

— Podemos visitar Cabo Pulmo en el verano. *Será*[135] un regalo de cumpleaños.

— Sí, pues, en el verano –contesta Meche, mirando al suelo.

---

[133] **país**: country
[134] **ni podría**: he would not even be able
[135] **será**: it will be

12. Mentiras[136]

«¿Desde cuándo me *mientes*?» –se pregunta el padre de Meche *a sí mismo*[137]. No lo dice *en voz alta*[138], pero sabe que su hija *le* esconde algo[139]. Hace unos años atrás, ella siempre le decía la verdad. Pero ahora es tan obvio.

¿Cómo saber? Primero la *mirada*[140]: es un error que los *mentirosos*[141] nunca te miran a los ojos... algunos saben mirarte y mentirte *sin esquivar*[142] la mirada. Pero lo importante es observar los *cambios*[143], porque casi todos tienen

---

[136] **mentiras**: lies
[137] **a sí mismo**: to himself
[138] *en voz alta*: aloud
[139] *le esconde algo*: is hiding something from him
[140] *mirada*: her gaze
[141] **mentirosos**: liars
[142] **sin esquivar**: without avoiding (eye contact)
[143] **cambios**: changes

que controlarse mucho cuando *mienten*[144]. Es muy difícil ser completamente normal, especialmente si quieres mentirle a alguien que conoces bien. Ser natural es difícil cuando todo adentro está gritando– «¡¡NO ES NORMAL!!»

Meche mueve mucho las manos cuando miente. Rafael conoce bien a su hija, y sabe que todos mienten. Todos. Tener secretos no es malo, y su hija está llegando a la *edad*[145] de tener secretos. Lo único que le preocupa es … ¿sabe ella cuáles secretos son normales, y cuáles se debe confesar?

---

[144] **mienten**: they lie
[145] **edad**: age

13. Mentiras #2

Un político habla con un hombre de negocios.

— Les dije que podemos construir una fábrica de sal y *también* salvar las ballenas... ¡**y me lo creyeron**[146]!

---

[146] **y me lo creyeron**: and they believed me

14. La verdad[147]

«Mamá no me invitó a celebrar mi cumpleaños en San Diego. ¿La verdad? *Dudo que ella sepa*[148] que voy a cumplir dieciséis. Pero yo no quiero una fiesta *cursi*[149] con gente que ni conozco.»

«¿Quieres saber la verdad? Sólo quiero visitar a los pocos amigos que tengo en San Diego. Nada más.»

---

[147] **la verdad**: the truth
[148] **dudo que sepa**: I doubt she knows
[149] **cursi**: ridiculous, tacky

15. Ni de aquí, ni de allá

Las ballenas viven en la laguna desde *mediados*[150] de diciembre hasta mediados de abril. Pasan el *invierno*[151] en las lagunas protegidas donde *nacen*[152] sus bebés. Cuando llega la *primavera*[153], las ballenas van al norte, al Océano Ártico. Cuando termina el verano, regresan a México. Las ballenas *no son ni de aquí, ni de allá*[154].

Meche tampoco es de aquí, ni de allá. Meche vivía en los EEUU, pero sus padres se divorciaron. Ahora su padre vive en Laguna San Ignacio en una casita rústica. También tiene una casa bonita en Santa Rosalía

---

[150] **mediados**: the middle of

[151] **invierno**: Winter

[152] **nacen**: are born

[153] **primavera**: Spring

[154] **no son ni de aquí, ni de allá:** are neither from here, nor from there

La ruta
de migración
de las ballenas grises

GOLFO DE CALIFORNIA

Laguna San Ignacio

OCÉANO PACÍFICO

donde vive su familia. Santa Rosalía es una ciudad pequeña unos cien kilómetros *aparte de*[155] la laguna. Durante el fin de semana Meche vive con su padre y lo ayuda, pero durante la semana ella *asiste a un colegio*[156] en Santa Rosalía y vive con sus tíos.

Cuando Meche se mudó a Santa Rosalía, ella no conocía a nadie. Su madre *acababa de casarse*[157] de nuevo con un hombre en los Estados Unidos. Doug, el padrastro. *Stepfather*, porque Doug no entiende ni una palabra de español. Su madre ya estaba *embarazada con gemelas*[158], y Doug insistía en una cosa: sus hijas hablarán el inglés en casa. Sólo inglés.

---

[155] **aparte de**: away from
[156] **asiste a un colegio**: she attends a high school
[157] **acababa de casarse**: just got married
[158] **embarazada con gemelas**: pregnant with twins

—Tienes que entenderlo... Doug *tiene razón*[159] —le dijo su mamá— fue un error dejarte hablar español en casa. Ahora no hablas el inglés. Aquí en EE.UU. hablamos el inglés.

De repente a Meche no le gustaba estar *en su propia*[160] casa. *Se sentía rechazada*[161], parte de un pasado que su mamá no quería *recordar*[162]. Así, Meche vino a vivir con sus *parientes*[163] mexicanos. Pero aquí en México, todos la conocían como la niña estadounidense. Es difícil hacer amigos cuando todos ya tienen sus grupos de amigos. Para Meche era casi imposible. Ni de aquí, ni de allá... para ella, tener doble

---

[159] **tiene H:** is right
[160] **en su propia**: in her own
[161] **se sentía rechazada**: she felt rejected
[162] **recordar**: to remember
[163] **parientes**: relatives

nacionalidad *significaba que no pertenecía*[164] a ninguna.

Meche también se pregunta muchas veces— ¿quién soy yo? —porque ella siente que nadie comprende que ella nunca está completa. Que su vida está aqui y está allá. Aunque a veces siente que no está en ningún lado.

---

[164] **significaba que no pertenecía**: meant that she did not belong

Algunos chicos del colegio **supieron**[165] que ella vivía al borde de la laguna y le dieron **el apodo**[166] de «la ballena». Cuando Meche los pasaba en el patio había uno que murmuraba– ¿**qué es ese olor**?[167] –o– algo **huele a**[168] ballena.

Todos se reían de ella. Las primeras semanas fueron muy difíciles.

---

[165] **supieron**: they found out
[166] **el apodo:** the nickname
[167] **¿qué es ese olor?** what is that smell?
[168] **huele a**: smells like

16. Una pregunta ridícula

– Permiso, ¿tiene usted pasaporte? ¿De dónde es usted?

17. Los compañeros de clase

El lunes Meche está en clase. Este semestre en el curso de Ciencias hablan del *medio ambiente*[169]. Su profesor quiere que trabajen en grupos para investigar el estatus de un animal de Baja California Sur. Al fin del curso van a presentar a la clase. Claro que a Meche *le caen bien*[170] las ballenas.

– Pues a mí *me da igual*[171] –dice Enrique, un compañero de clase que siempre forma parte del grupo de Meche cuando un profe asigna un trabajo en grupo– que me dé las *largartijas*[172] si nadie más las quiere.

---

[169] **medio ambiente**: the environment
[170] **le caen bien**: she likes
[171] **me da igual**: it does not matter to me
[172] **largartijas**: lizards

Enrique es gran aficionado de las lagartijas.

— No, no, no –grita Bella– tú *escogiste*[173] en la clase de historia, y sufrimos nosotras.

Bella señala a Meche y Ariana, las otras dos compañeras de clase que forman su grupo habitual.

— ***Nos toca a nosotras***[174], que queremos estudiar las ballenas. ¿Qué sí, Meche?

---

[173] **escogiste**: you chose
[174] **nos toca a nosotras**: it is our turn

– **No te pongas**[175] triste, Enrique –dice Meche– seguro que necesitaremos hacer unas «investigaciones científicas» en la laguna. Será divertido.

– No seas así– añade Ariana– pasas **demasiado**[176] tiempo con tus lagartijas. **Te hará bien**[177] hacerte amigo de algún mamífero.

Ariana se burla de Enrique así, **como si él fuera anormal**[178]. La realidad es otra: Enrique siempre ha sido popular entre sus compañeros. De verdad, **Enrique le cae muy bien a Ariana**[179], pero Enrique nunca le ha mostrado ningún interés romántico.

---

[175] **no te pongas**: don't get
[176] **demasiado**: too much
[177] **te hará bien**: it will be good for you
[178] **como si él fuera anormal**: as if he were abnormal
[179] **Enrique le cae bien a Ariana**: Ariana likes Enrique

— Pues... —explica Enrique— no quiero *oler a*[180] ballena...*qué asco*[181].

Las tres se quedan en silencio.

— Idiota —murmura Bella.

Meche quiere sonreír. Quiere decir, «no pasa nada», pero tiene *un nudo*[182] en la *garganta*[183] y cuando trata de sonreír ella siente nacer una *lágrima*[184] en su ojo, entonces mira al otro lado.

— Bueno —exclama Enrique— *ganan*[185] ustedes. *Haremos*[186] lo de las ballenas.

---

[180] **oler a:** smell like
[181] **qué asco:** how disgusting
[182] **un nudo:** a knot
[183] **garganta:** throat
[184] **una lágrima:** a tear
[185] **ganan:** you all win
[186] **Haremos:** we will do

18. No todos están de acuerdo[187]

La madre de Luke llama a unos amigos para decirles lo que está pasando en la laguna...

¡No lo puedo creer!

¡Tenemos que hacer algo!

...y ellos llaman
a otras personas.

19. El proyecto

Pasan el resto de la clase hablando del proyecto. Bella siempre es la jefa del grupo, organiza todo y **se asegura de que**[188] todos tienen una parte para hacer. Meche se queda en silencio **por un rato**[189] pero, después de unos diez minutos, está hablando **como si nada hubiera pasado**[190]. Bella imagina una presentación sobre la vida de las ballenas, pero Meche quiere hablar de la política **actual**[191]. Quiere hablar del proyecto de la compañía japonesa. A Ariana le gusta la idea de un proyecto activista... nada aburrido.

---

[188] **se asegura de que**: makes sure that
[189] **por un rato**: for a moment
[190] **como si nada hubiera pasado**: as if nothing had happened
[191] **actual**: current

— No tenemos que recitar un artículo enciclopédico –dice Ariana.– Todos tenemos abuelos que saben cómo era en el pasado cuando iban de pesca. Había más ballenas en aquel entonces.

— Hablemos del futuro también –reacciona Meche.– Hay menos ballenas ahora, pero no tiene que ser así. Podemos actuar, nuestra comunidad, para que haya más ballenas en el futuro. No tiene que ser un **cuento trágico**[192].

Poco a poco **se concreta**[193] una idea entre los cuatro jóvenes. Hacen planes para escribir a sus representantes políticos, hablar con la comunidad y **generar**[194] una reacción local.

---

[192] **cuento trágico**: tragic story
[193] **se concreta**: comes together
[194] **generar**: generate

20. Güelcome... Welcome Home

Están cerrando el restaurante para *la temporada*[195] antes de *Semana Santa*[196] cuando llega una *carta*[197] para Meche. Es de Luke. Meche *se esconde*[198] en la cocina para poder leer la carta *a solas*[199]. Luke le escribe para decirle que él y su mamá pueden *recogerla*[200] de la estación de autobuses en Tijuana.

Su papá no tiene porqué saber que Meche *no puede confiar*[201] en su mamá.

---

[195] **la temporada**: the season
[196] **Semana Santa**: "Holy Week", the week between Good Friday and Easter when many people in Spanish-speaking countries take time off and schools often close down.
[197] **carta**: letter
[198] **se esconde**: hides herself
[199] **a solas**. alone
[200] **recogerla**: pick her up
[201] **no puede confiar**: cannot trust

— Papá, mamá me va a *recoger*[202] de la estación de autobuses en Tijuana —le dice Meche a su papá.

El *viaje*[203] en autobús *dura*[204] catorce horas desde Santa Rosalía hasta la Central de Autobuses en Tijuana. Sale a las cinco de la mañana, pasa todo el día aburrida en el autobús y llega a las siete de la noche. Ahí *están esperando*[205] Luke y su madre. Van a *cruzar la frontera*[206] en el coche de la madre de Luke.

Luke y su madre viven en La Jolla, un barrio exclusivo de San Diego, California. Llegar a la playa es solo cuestión de caminar cinco

---

[202] **recoger**: pick up
[203] **viaje**: trip
[204] **dura**: lasts
[205] **están esperando**: are waiting
[206] **cruzar la frontera**: cross the border

minutos **por el barrio²⁰⁷** y **bajar el acantilado a pie²⁰⁸**.

– ¿Te gusta **hacer surf²⁰⁹**? –le pregunta Luke a Meche cuando están en el coche esperando cruzar la frontera.

– Si tienes tiempo puedes pasar por nuestra casa y hacer surf.

Meche **recuerda²¹⁰** una línea de una **película²¹¹** que le gusta a su padre.

– Charlie don't surf.

Luke la mira **asombrado²¹²**.

– Do you even know where that is from?

– Una **película²¹³**, ¿no?

---

²⁰⁷ **por el barrio**: through the neighborhood
²⁰⁸ **bajar el acantilado a pie**: walk down the cliffside by foot
²⁰⁹ **hacer surf**: go surfing
²¹⁰ **recuerda**: remembers
²¹¹ **película**: movie
²¹² **asombrado**: shocked
²¹³ **película**: movie

— Sí –contesta Luke– una película ofensiva, creo.

— A mi papá le gusta, cree que es una de las mejores películas *de todo el tiempo*[214].

— ¿La has visto? Se llama *Apocalypse Now*.

— No la recuerdo bien –dice Meche– *se trata de la guerra*[215] estadounidense en Vietnam, ¿no? La verdad es que *la guerra no me cae bien*[216], prefiero el fútbol.

— Vimos partes de la película en la escuela. En la clase de historia vimos las escenas de guerra. El profe no nos dijo nada *salvo que*[217] era muy mala, y *nos mostró*[218] unas escenas gráficas de la guerra. Todos mis

---

[214] **de todo el tiempo**: of all time
[215] **se trata de la guerra**: it is about the war
[216] **la guerra no me cae bien**: I don't like war
[217] **salvo que**: except that
[218] **nos mostró**: he showed us

amigos salieron de la clase diciendo que la película era muy *cool*.

– ***Recuerdo***[219] las escenas de guerra –dice Meche.

– En la clase de inglés mi profesora ***nos mostró***[220] otras escenas. ¿Sabes que los ***actores asiáticos***[221] en la película no dicen casi nada... en una película de dos horas que ***toma lugar***[222] en Asia. No dicen nada. Los vietnamitas en la película no tienen personalidad... son unos ***estereotipos de cartón***[223]. En la película los americanos son personas ***complejas***[224], pero los asiáticos no dicen casi nada.

El coche se acerca ***al paso de inmigración***[225]. Cuando cruzan la

---

[219] **recuerdo**: I remember

[220] **nos mostró**: showed us

[221] **actores asiáticos**: Asian actors

[222] **toma lugar**: takes place

[223] **estereotipos de cartón**: cardboard stereotypes

[224] **complejas**: complex

[225] **al paso de inmigración**: to the immigration booth

frontera[226] Meche **le muestra**[227] su pasaporte estadounidense al oficial. Es mucho más fácil así. El oficial de inmigración cree que ella está regresando a casa. **Si ella le diera**[228] el pasaporte mexicano, **habría**[229] muchas preguntas.

— Welcome home –dice el oficial a todos en el coche **mientras les devuelve**[230] los pasaportes.

---

[226] **frontera**: border
[227] **le muestra**: shows to him
[228] **si ella le diera**: if she were to give
[229] **habría**: there would be
[230] **mientras les devuelve**: while he returns to them

21. En un acuario en Tokio

El hombre de negocios japonés va a un acuario con su hija. Ella está impresionada.

22. Una bienvenida extraña

La madre de Luke lleva a Meche a la casa de su madre. Cuando llegan, Meche ve que el coche de su mamá no está *estacionado delante de*[231] la casa como es normal.

– *Espérenme*[232], por favor –dice Meche. *Se baja*[233] del coche pero deja su mochila ahí.

Cuando Meche abre la puerta de la casa, ella está sorprendida. Su *padrastro*[234] Doug está *reclinado*[235] en el sofá mirando la tele.

– Mercedes, what are you doing here? –exclama Doug.

---

[231] **estacionado delante de**: parked in front of
[232] **espérenme**: wait for me
[233] **se baja**: she gets out
[234] **padrastro**: stepfather
[235] **reclinado**: lying back, reclining

Meche *tiene que esforzarse*[236] para contestar en inglés.

– I am visiting. –dice– Where is my mother?

– Gosh, I wish you told us you were coming. She just left this morning to go camping in the desert with the twins. A little mother-daughter-daughter bonding. I am sure she would have loved to bring you too.

Meche mira *hacia atrás*[237] para verificar que la madre de Luke no se fue. El coche *todavía está allí*[238], y ella puede ver la *cara*[239] de Luke mirándola. Meche *se queda*[240] en la puerta.

– When... will she be back?"

---

[236] **tiene que esforzarse**: she has to try hard
[237] **hacia atrás**: behind
[238] **todavía está allí**: is still there
[239] **cara**: face
[240] **se queda**: remains

— Three days, no cell phone reception out there.

— Pues –dice Meche *para si misma*[241]– tell her I came by *for my birthday*.

Meche regresa al coche. La madre de Luke la mira un momento y le pregunta– pero, ¿ tu madre sabía que *ibas a venir*[242], verdad?

— Era una sorpresa. *Cambio de planes*[243]: ¿puedo quedarme con ustedes?

— *Súbete*[244] –dice la madre de Luke– siempre puedes quedarte en nuestra casa".

---

[241] **para si misma**: to herself
[242] **ibas a venir**: you were going to come
[243] **cambio de planes**: change of plans
[244] **súbete**: get in

23. Las amenazas[245]

La ballena gris es un animal **sumamente**[246] curioso. Le gusta investigar. Quizás por eso son más vulnerables a los **choques con navíos**[247], que las pueden matar.

Las lagunas en México son muy **aisladas**[248], pero si hay un **proyecto portuario**[249] que interrumpe la ruta de migración de las ballenas, puede ser malo.

---

[245] **las amenazas**: the threats
[246] **sumamente**: extremely
[247] **choques con navíos**: collisions with ships
[248] **aisladas**: isolated
[249] **proyecto portuario**: port project

Además, las ballenas son extremadamente ***sensibles al ruido***[250] que hacen los navíos. Se cree que mucho ruido puede desorientar a las ballenas. A veces las ballenas se suben a la playa y mueren; se cree que quieren escaparse del ruido.

---

[250] **sensibles al ruido**: sensitive to noise

24. Irresistible

Meche se despierta a las seis de la mañana con un **_ruido exagerado_**[251] chocando contra la puerta. Ella abre la puerta y Luke está allí con una **_tabla de surf_**[252] en mano, listo para chocarla otra vez.

– ¡Por fin! Mi madre ya salió. Vamos ya. –le dice.

– Pero... ¿comemos primero?

– Ni loco, comamos después.

Salen de la casa **_descalzos_**[253] y corren por el barrio hasta llegar **_al acantilado_**[254]. Abajo se ve la playa y los surfistas que ya están sentados en sus tablas de surf, **_esperando una ola_**[255].

---

[251] **ruido exagerado**: the very loud noise
[252] **tabla de surf**: surf board
[253] **descalzos**: barefoot
[254] **al acantilado**: to the cliff
[255] **esperando una ola**: waiting for a wave

Antes de bajar Luke **vuelve a**[256] mirar a Meche.

– **Cuidado al bajar**[257], a veces, en las mañanas, hay una serpiente en el **camino**[258].

– No tengo miedo –contesta Meche– vivo en el desierto.

Al bajar[259] ven que la madre de Luke ya está en el agua.

– **Nunca has hecho surf** [260]? –le pregunta Luke.

– Nunca –contesta Meche– no hay **olas**[261] en la laguna.

– Bueno, vamos a practicar en la **arena**[262] primero.

---

[256] **vuelve a**: turns to
[257] **cuidado al bajar**: careful going down
[258] **camino**: path
[259] **al bajar**: going down
[260] **nunca has hecho surf**: you have never surfed?
[261] **olas**: waves
[262] **arena**: sand

Meche lo mira como si
***estuviera burlándose de ella*[263]**.

– En serio. –dice Luke– Te va
mejor si practicas antes.

Pasan media hora con las
tablas en la ***arena*** practicando cómo
levantarse. Hay un método para
levantarse cuando la tabla está en el
agua. Hay que controlar ***el peso del
cuerpo*[264]**. Hay que balancearse.

Es interesante, piensa Meche,
***hasta*[265]** las cosas que ***parecen
sencillas*[266]** tienen sus secretos.

– Cuando se levanta, es un solo
movimiento –dice Luke– no debes
pensarlo mucho... hay que *pop up*.

– *Pop up*? –pregunta Meche.

---

[263] **estuviera burlándose de ella**: he were making fun
of her

[264] **el peso del cuerpo**: the weight of your body

[265] **hasta**: even

[266] **parecen**: seem

— Rápidamente –sonríe Luke.

Entran al agua y nadan **hasta**[267] el grupo de surfistas que están **sentados**[268] sobre las tablas.

Lo que más le impresiona a Meche es que, **cuando se hace surf**[269], se pasa muy poco tiempo haciendo surf. Pasan más tiempo sentados sobre la tabla, flotando, **esperando**[270].

Había algo irresistible en sentarse ahí mientras que el sol **subía**[271]. Todos miran **hacia**[272] la playa. La madre de Luke estaba flotando entre dos surfistas más viejos.

---

[267] **hasta**: up to
[268] **sentados**: sitting
[269] **cuando se hace surf**: when one surfs
[270] **esperando**: waiting
[271] **subía**: was rising
[272] **hacia**: towards

— Presta atención —le dice la madre de Luke a Meche— para **escoger *el momento justo*[273]**. Cuando *te toca*[274], tienes que actuar *con confianza en ti misma*[275]. Esperamos treinta minutos para *disfrutar*[276] de treinta segundos de gloria. Cuando *te toque*[277], no lo dudes.

---

[273] **para escoger el momento justo**: to choose the right moment

[274] **te toca**: it is your turn

[275] **con confianza en ti misma**: with self-confidence

[276] disfrutar: to enjoy

[277] **te toque**: it is your turn

Ten confianza en ti misma,

haz tu mejor esfuerzo,

y disfruta del momento.

25. Una locura total

Comen ***burritos de desayuno***[278] en un restaurante al lado de la playa y después ***suben el acantilado***[279] para regresar a la casa de Luke. Cuando abren la puerta, la madre de Luke está hablando por teléfono con alguien. Ella ***parece muy emocionada***[280].

— Meche, es tu padre.

Meche ***recuerda***[281] las mentiras que le dijo a su padre. Su cara ***se pone roja***[282] y empieza a mover las manos.

— ¿Papá?

— Tienes que volver a la laguna.

— Sí papá.

---

[278] **burritos de desayuno**: breakfast burritos
[279] **suben el acantilado**: walk back up the cliff
[280] **parece muy emocionada**: seems very excited
[281] **recuerda**: remembers
[282] **se pone roja**: turns red

Meche quiere llorar. No le gusta que su padre esté enojado. Ella solo quería visitar a Luke.

La madre de Luke la mira y sonríe.

— Meche, no entiendes lo que está pasando. Tenemos que irnos rápido. Ahora mismo. Es una locura, pero todo el mundo va a San Ignacio **para protestar**[283]. Hasta el *New York Times*. **Habrá**[284] estrellas de Hollywood, personas famosas... ¡vamos a **salvar**[285] las ballenas!

La madre de Luke **maneja**[286] todo el día **casi sin parar**[287]. Cuando llegan a San Ignacio **ya es**[288] de noche. Aunque ya se fue la luz del sol,

---

[283] **para protestar**: to protest
[284] **habrá**: there will be
[285] **salvar**: save
[286] **maneja**: drives
[287] **casi sin parar**: almost without stopping
[288] **ya es**: it already is

Meche puede ver mucho. Hay *fogatas*[289] en la playa y muchas tiendas de acampar. Cerca de la casita rústica hay dos helicópteros. Entre las personas que caminan al lado de la calle Meche reconoce a muchas personas de la comunidad de Santa Rosalía donde ella asiste a la escuela.

— *Tantos*[290] turistas... van a dejar atrás tanta basura –se ríe Meche.

Ella se ríe porque sabe que también van a *atraer*[291] la atención que necesitan las ballenas.

En la casita hay *sacos de dormir*[292] por todas partes. Están todos los amigos del padre de Meche

---

[289] **fogatas**: bonfires
[290] **tantos**: so many
[291] **atraer**: to attract
[292] **sacos de dormir**: sleeping bags

que *han trabajado*[293] por años para salvar la laguna. Por fin hay *una luz de esperanza*[294].

–· Papá, quiero que
salvemos las ballenas

27. Una misión secreta

Al día siguiente[295] Meche trabaja con voluntarios para mantener *limpia*[296] la playa. Ella no quiere que los reporteros tomen fotos de una playa *cubierta de basura*[297]. Quiere que vean la *belleza natural*[298] de la laguna. Sin embargo no puede resistir *unirse*[299] a la protesta cuando ve al actor que *interpretó el rol*[300] de *James Bond* en las películas. Hasta los *políticos locales*[301] que *apoyaban*[302] la fábrica de sal están aquí con sonrisas.

---

[295] **al día siguiente**: the next day
[296] **limpia**: clean
[297] **cubierta de basura**: covered with trash
[298] **belleza natural**: natural beauty
[299] **unirse**: joining
[300] **intrepretó el rol**: played the role
[301] **políticos locales**: local politicians
[302] **apoyaban**: used to support

– Meche, ven acá –dice una de las amigas de su padre– ¿Sabes quién soy yo?

– Sí, eres **abogada**[303], ¿no?

– Correcto, soy Carla y **he trabajado**[304] con tu padre y los demás para **impedir el desarrollo**[305] en la laguna. Ahora hay protestas **planeadas**[306] por todas partes pero hay personas en el gobierno que no quieren que hablemos. ¡Quieren que **nos callemos**[307]!

– Pero... ahora no nos pueden callar... ¡mira! –dice Meche, señalando a todos los presentes.

– Ahora, aquí, quizás no, pero ¿qué pasa cuando todos se vayan? Mañana **habrá**[308] otro evento en San

---

[303] **abogada**: lawyer
[304] **he trabajado**: I have worked
[305] **impedir el desarrollo**: prevent development
[306] **planeadas**: planned
[307] **nos callemos**: we keep quiet
[308] **habrá**: there will be

Diego, pero creo que la policía *estará esperándonos*[309] y no nos dejará pasar.

– Pero yo puedo cruzar la frontera. –dice Meche.

La abogada se sonríe– Sí, y la policía no te conoce. No te van a *detener*[310]. Necesitamos que vayas y hables en el evento en San Diego".

– ¿Yo? –pregunta Meche.

La abogada mira a los ojos de Meche y responde *con confianza*[311].

– Tú conoces la laguna, tú puedes hablar de las ballenas. *Si nos detienen*[312], eres tú la única que puede representar la comunidad local. Te necesitamos.

---

[309] **estará esperándonos:** will be waiting for us
[310] **detener:** detain
[311] **con confianza:** with confidence
[312] **si nos detienen:** if they detain us

Así Meche pone ***unas ropas y su cepillo de dientes***[313] en una mochila y vuelve otra vez hacia San Diego.

---

28. Un lugar frío

Cuando el autobús llega a Tijuana no hay nadie esperando a Meche. Es bueno... quiere pasar *sin levantar sospechas*[314]. Ella *se baja*[315] del autobús y busca el *autobús municipal*[316] que la va a llevar a la *frontera*[317]. *Al otro lado*[318] hay alguien esperándola para llevarla al evento.

Ella nunca ha hablado *delante de tantas*[319] personas. Dicen que puede haber miles de personas. Está nerviosa, pero sabe exactamente lo que quiere decir. Entiende que es importante que haya mexicanos

---

[314] **sin levantar sospechas**: without raising suspicion
[315] **se baja**: she gets off
[316] **autobús municipal**: city bus
[317] **frontera**: border
[318] **al otro lado**: on the other side
[319] **delante de tantas**: in front of so many

denunciando[320] lo que hace el gobierno mexicano. Es crucial que haya mexicanos **pidiendo**[321] la ayuda de todo el mundo. **Habrá**[322] cámaras de televisión. Ella quiere hablar bien.

Cuando está esperando para entrar a los EEUU, ella ve dos agentes de la policía mexicana con fotos, examinando las **caras**[323] de todas las personas. Inmediatamente Meche mira detrás y ve dos agentes más. Uno hace contacto visual con Meche. Meche mira **al suelo**[324].

– ¿Señorita? Por favor, pase por acá **mientras que revisen**[325] sus papeles.

---

[320] **denunciando**: denouncing
[321] **pidiendo**: asking for
[322] **habrá**: there will be
[323] **caras**: faces
[324] **al suelo**: towards the ground
[325] **mientras que revisen**: while they review

Los dos agentes la toman por *los codos*[326] y caminan hacia un *edificio*[327] blanco. Nadie la mira... todas las personas en la *fila*[328] miran *al suelo*[329] o al otro lado. Deben pensar que tiene drogas. No quieren *involucrarse*[330] con ella.

---

[326] **los codos**: elbows
[327] **edificio**: building
[328] **fila**: line
[329] **al suelo**: towards the ground
[330] **involucrarse**: get involved

Los agentes la llevan a un cuarto de cemento *vacío*[331]. No hay sillas, no hay ventanas… no hay nada.

– Espere aquí señorita –dice *con cortesía*[332] uno de los agentes– necesitamos revisar la mochila.

Toman la mochila y cierran la puerta. Todo pasa tan rápido que Meche no tiene tiempo para hacer preguntas. Unos minutos pasan y, *de repente*[333], alguien *apaga*[334] la luz. Está completamente *oscuro*[335]. Meche *siente*[336] el frío del cemento, pero no puede ver nada.

– ¿Hola? –pregunta Meche. Grita más fuerte, pero nadie

---

[331] **vacío**: empty
[332] **con cortesía**: politely
[333] **de repente**: all of a sudden
[334] **apaga**: turns off
[335] **oscuro**: dark
[336] **siente**: feels

contesta. Quiere sentarse pero el suelo está muy frío.

Entiende que está sola. Nadie sabe dónde está.

29. La primera luz del día

Cuando abren la puerta Meche está **temblando**[337] de frío. Ha pasado toda la noche y una buena parte del día siguiente.

– Levántese señorita –dice una voz **cortés**[338].

Caminan por **el pasillo**[339] hasta llegar a una **sala de espera**[340] con sillas **cómodas**[341] y una televisión. Primero Meche ve su mochila y después, sentada al lado de la mochila, está su madre.

– ¡Mom! –grita Meche. Corre para **abrazarla**[342].

---

[337] **temblando**: trembling
[338] **cortés**: polite
[339] **el pasillo**: the hallway
[340] **sala de espera**: waiting room
[341] **cómodas**: comfortable
[342] **abrazarla**: to hug her

– I'm sorry that I missed your birthday.

– Mi cumpleaños, mamá. Estamos en México, aquí hablamos español.

Su madre le da un beso en *la frente*[343].

– Feliz cumpleaños, *mija*.

Al salir, su madre le explica que ayer, cuando *la detuvieron*[344], los agentes de policía salieron para *el almuerzo*[345] y *se olvidaron de*[346] Meche. Fue todo un error.

– ¿Perdí el evento en San Diego? –pregunta Meche.

– Sí, ya terminó.

– Entonces no fue ningún error –murmura Meche.– Sabes mamá, siempre *he pensado en*[347] ser

---

[343] **la frente**: her forehead
[344] **la detuvieron**: they detained her
[345] **el almuerzo**: lunch
[346] **se olvidaron de**: they forgot about
[347] **he pensado en**: I have thought about

***Bióloga Marina**[348] para estudiar las ballenas y trabajar con papá, pero ahora yo sé lo que quiero ser en la vida. Quiero ser **Abogada**[349] para poder **luchar**[350] contra la injusticia.

Aunque[351] Meche no llegó a la protesta en San Diego, había otros mexicanos que sí llegaron y criticaron al gobierno. Una **coalición**[352] de mexicanos y **extranjeros**[353] unidos para salvar la laguna hicieron una **campaña larga**[354]. Después de cinco años de lucha, el gobierno mexicano finalmente anunció que **no iba a dejar**[355] construir una fábrica de sal cerca de la laguna. La compañía

---

[348] **Bióloga Marina**: a marine biologist
[349] **Abogada**: a lawyer
[350] **luchar**: fight
[351] **Aunque**: although
[352] **coalición**: coalition
[353] **extranjeros**: foreigners
[354] **compaña larga**: long campaign
[355] **no iba a dejar**: not going to let

japonesa también decidió que tanta mala publicidad *no valía la pena*[356]. Fue una victoria enorme de un *pueblo unido*[357].

---

[356] **no valía la pena**: was not worth it
[357] **pueblo unido**: a united group of people

30. ¿Fin?

Me gustaría escribir que la historia termina así con una victoria por las ballenas, pero la historia verdadera es más complicada. La vida de las ballenas grises sigue en peligro, pero las poblaciones que viven entre México y el Océano Ártico están mucho más **protegidas**[358] que en otras partes del mundo. Ahora **estiman**[359] que la **población**[360] de ballenas que pasan el **invierno**[361] en las lagunas mexicanas es **fuerte**[362], en parte porque el gobierno mexicano mantiene **reglas estrictas**[363] para proteger las lagunas.

---

[358] **protegidas**: protected
[359] **estiman**: they estimate
[360] **población**: population
[361] **invierno**: winter
[362] **fuerte**: strong
[363] **reglas estrictas**: strict rules

Lamentablemente[364] las ballenas que viven entre Japón y la costa de Siberia no están protegidas. Ahora hay menos de 200 ballenas allí y la población está ***en peligro de extinción***[365].

---

31. Un capítulo nuevo

Pero... ¿qué puedes hacer tú?

Las *amenazas*[366] a las ballenas grises incluyen: la posibilidad de que la ballena *se enganche en alguna red de pesca*[367], *crecimiento de algas nocivas*[368], *la contaminación ambiental tóxica*[369] y la contaminación acústica (el ruido *submarino*[370] que hacen los *buques*[371]) y los *choques*[372] con los buques.

La verdad es que son problemas *complejos*[373] que

---

[366] **las amenazas**: the threats
[367] get stuck in fishing nets
[368] growth of toxic algae
[369] toxic waste
[370] **submarino**: underwater
[371] **buques**: large ships
[372] **choques**: collisions
[373] **complejos**: complex

requieren la organización y recursos de científicos.

En EE.UU. hay una organización *gubernamental*[374] cuya misión es proteger y entender las ballenas: NOAA (National Oceanographic and Atmospheric Administration). Los científicos de NOAA trabajan con *pescadores*[375], *dueños de buques*[376] grandes, profesores universitarios y otras personas para encontrar soluciones. Es importante que los *ciudadanos apoyen*[377] a los científicos y *exijan una política gubernamental*[378] que *surja a partir de*[379] la ciencia.

---

[374] **gubernamental**: governmental
[375] **pescadores**: fishermen
[376] **dueños de buques**: ship owners
[377] **ciudadanos apoyan**: citizens support
[378] **exijan una política gubernamental**: demand governmental policies
[379] **que surja a partir de:** the surge from, that are based on

Ahora... ¿qué más puedes hacer?

A

a: to
abajo: below
abierta, abiertos: open (adj)
abogada: lawyer
abrazarla: to hug her
abre: opens
abren: they open
abril: April
abrir: to open
abuelos: grandparents
aburrida, aburrido: boring
acá: here
acababa: had just...
acampar: to go camping
acantilado: cliff
acarician: they pet
acariciándolo: petting him
acerca: moves closer

acercan: they move closer
activista: activist
actor: actor
actual: current
actuar: to act
acuario: aquarium
acuerdo: *está de acuerdo* agrees
acústica: *la contaminación acústica* noise pollution
además: in addition
adentro: inside
adolescentes: adolescentes
adultos: adults
aficionado: fan
agentes: agents
agua: water
ahí: there
ahogaban: used to drown
ahora: now
aire: air
aisladas: isolated
ajá: yeah
algas: algae, seaweed
algo: something

alguien: somebody
alguna: some
algunos: some
algún: some
allá: over there
allí: over there
almuerzo: lunch
alta: tall
ambiental: environmental
ambiente: environment
amenazas: threats
amiga: friend (female)
amigo: friend (male)
amistad: friendship
amistosas, amistoso: friendly
añade: adds
anclar: to anchor
animal: animal
anormal: abnormal
años: years
antes: before
anunció: announced
apaga: turns off
aparece: appears
aparecen: they appear
aparte: away

apila: piles up
aplauden: they clap
apodo: nickname
apoyaban: they used to support
apoyen: they support
apuntes: notes
aquel: that
aquí: here
arena: sand
armado: *han armado* they have set up
Ártico: the Arctic
artículo: article *un artículo enciclopédico* an article from an encyclopedia
asco: disgust
asegura: secures
asfaltado: paved
Asia: Asia
asiáticos: Asian
asigna: assigns
asiste: attends
asistía: attended
asombrado: shocked
así: like that

atacaban: used to attack

atención: attention

atraer: to attract

atrás: behind

aún: still

aunque: although

autobús: bus

ayer: yesterday

ayuda: helps

ayudo: I help

B

bahía: *bay*

baja: goes down, descends

bajar: to go down

balancearse: to balance

ballena: whale

ballenato: baby whale

balón: soccer ball

banquete: banquet

barcos: boats

barrio: neighborhood

bastantes: enough

basura: trash

bebé: baby

bebieron: they drank

belleza: beauty

beso: kiss

bien: well

bienvenida: welcome

Biología: biology

Bióloga: biologist

blanco: white

bloquean: they block

bloques: blocks

bonita: pretty

bonito: pretty

borde: *al borde de* on the edge of

brazos: arms

brusco: sudden

buena: good

bueno: good

buques: ships

burla: makes fun of

burlona: mockingly

burlándose: making fun of

burritos: really? you have never had a burrito? It is a delicious tortilla wrapped delicacy.

busca: looks for

bólido: shooting star, meteorite

C

cabo: *Cabo Pulmo* Cape Pulmo, a place in Mexico with great snorkeling

cae: falls

caen: they fall

café: coffee

caliente: hot

callar: to quiet down

calle: street

callemos: *quieren que nos callemos* they want us to shut up

calma: calm

cámaras: cameras

cambia: changes

cambio: change (noun)

caminan: they walk

caminar: to walk

camino: path

campaña: campaign

capítulo: chapter

cara: face

carta: letter

cartón: cardboard

casa: house

casarse: to marry

casi: almost

casita: little house

catorce: fourteen

caza: hunt

cazaba: used to hunt

celebrar: to celebrate

celebraremos: we will celebrate

cemento: cement

cena: dinner

cenar: to eat dinner

centro: downtown

cepillo: brush

cerca: near

cerrando: closing

charla: chat

chica: girl
chico: boy
chocando: hitting
chocarla: to hit it
choques: collisions
cicatrices: scars
cien: hundred
ciencia: science
científicas:
   investigaciones
   científicas
   scientific research
científicos: scientists
cierran: they close
cinco: five
circo: circus
ciudad: city
ciudadanos: citizens
claro: clear
clase: class
coalición: coalition
coche: car
cocina: kitchen
cocinar: to cook
codos: elbows
cola: line
colabora:
   collaborates
colegio: high school
color: color
comamos: let's eat

comemos: we eat
comen: they eat
comerían: they
   would eat
comida: food
comieron: they ate
como: like
cómo: how
cómodas:
   comfortable
compañero de clase:
   classmate
compañía: company
complejo: complex
completamente:
   completely
complicada:
   complicated
comprendo: I
   understand
comunican: they
   communicate
comunidad:
   community
con: with
concreta: *se*
   concreta una idea
   an idea comes
   together
confesar: to confess
confianza: trust

confiar: to trust
confundido: confused
conoce: knows
conoces: you know
conocía: knew
conocían: they knew
conocida: known
conocieron: they met
conozco: I know
conserva: maintains
construir: to build
contacto: contact
contaminación: pollution
contesta: answers
contestar: to answer
contiene: contains
contra: against
controlar: to control
controlarse: to control oneself
convencieron: they convinced
corre: runs
correcto: correct
corren: they run
corriendo: running
cortés: polite

cortesía: *con cortesía* politely
cortina: curtain
cosa: thing
costa: coast
crecimiento: growth
cree: believes
creer: to believe
creo: I believe
criatura: creature
criminales: criminals
criticaron: they criticized
crucial: crucial
cruzan: they cross
cruzar: to cross
cuadernos: notebooks
cuáles: which
cuando: when
cuánta: how much
cuarto: room
cuatro: four
cubierta: covered
cuenta: *antes de darse cuenta* before realizing
cuento: story
cuerpo: body
cuestión: question
cuidado: careful

cumpleaños:
birthday
cumplir: *cumplir dieciséis años* to turn sixteen
curioso: curious
cursi: tacky, ridiculous
curso: course
cuya: whose

D

da: gives
darse: *antes de darse cuenta* before realizing
de: of, from
dé: *que me dé* (I hope he) gives me
debajo: beneath
debe: should
deben: they should
debes: you should
decía: used to say
decidieron: they decided

decidió: decided
decir: to say, *decirle* to say to her
declarara: *de que declarara* to declare
dedo: finger
deja: allow; leave
déjame: let me
dejará: *no nos dejará* they will not allow us
dejaron: left behind
dejarte: *dejarte hablar* to allow you to speak
dejó: she left behind
del: of the, from the
delante: in front of
delfines: dolphins
delincuentes: delincuents
demás: the others, the rest of *(noun)*
demasiado: too much
denunciando: denouncing
derecha: right
deriva: *a la deriva* adrift

desaparece:
disappears

desaparecido:
disappeared

desaparecieron:
they disappeared

desarrollo:
development

desayuno: breakfast

descalzos: barefoot

desde: *desde cuándo*
since when *desde
mediados de
diciembre* from
the middle of
December *desde
Santa Rosalía* from
Santa Rosalía

deseo: desire

desierto: desert

desorientar:
disorient

despacio: slowly

despierta: wakes up

despiertan: they
wake up

despierten: they
wake up

despierto: *está
despierto* is awake

después: after

detener: detain

detienen: they
detain

detrás: behind

detuvieron: they
detained

devuelve: returns

día: day

diablo: devil

dibujo: drawing

dice: says

dicen: they say

diciembre:
December

diciendo: saying

dieciséis: sixteen

dientes: teeth

diera: *si ella le diera*
if she were to give
him

dieron: they gave

diez: ten

diferente: different

difícil: difficult

dijo: said

dirige: drives; *dirige
la mirada* turns to
look

dirigido a:
addressed to

discutir: to argue

disfrutar: to enjoy
disparando:
  shooting
distancia: distance
distraído: distracted
divertido: fun
divorciaron: they
  got divorced
doblado: folded
doble: double
doce: twelve
domesticado:
  domesticated,
  house-trained
donar: to donate
donde: where
dormir: to sleep
dos: two
drogas: drugs
ducha: shower
dudes: *no lo dudes*
  do not hesitate, do
  not doubt
dudo: I doubt
dueños: owners
dura: lasts
durante: during

E

económico:
  economic
  desarrollo
  económico
  economic
  development
edad: age
edificio: building
EE.UU.: USA
el: the
él: he
ella: she
ellas: they
ellos: they
embarazada:
  pregnant
embargo: *sin*
  embargo
  nonetheless
emocionada: excited
empezar: to start
empieza: starts
empujarlo: to push
  it

en: in

enciclopédico: *un artículo enciclopédico* an article from an encyclopedia

encontrar: to find

enganche: *se enganche* gets stuck, caught up in

enojadas: angry

enorme: enormous

entender: to understand *entenderlo* to understand it

entiende: understands

entiendes: you understand

entonces: and so

entran: they enter

entrar: to enter

entre: between

equipaje: equipment

equipo: team

era: was

eres: you are

error: error

es: is

escaparse: to escape

escenas: scenes

escogemos: we choose

escoger: to choose

escogiste: you chose

esconde: hides

escopeta: rifle

escribe: writes

escribir: to write

escuela: school

ese: that

esforzarse: try hard

eso: that

espacio: space

español: Spanish

especial: special

especialmente: specially

espera: *sala de espera* waiting room

esperamos: we wait

esperando: waiting

esperándola: waiting for her

esperándonos: waiting for us

esperanza: hope

espere: wait

espérenme: wait for me

esquivar: *sin esquivar la mirada* without avoiding eye contact

está: is

están: they are

estás: you are

estaba: was

estación: *estación de autobuses* bus station

estacionado: parked

estados: states

estadounidense: citizen of the United States

estamos: we are

estar: to be

estará: will be

estatus: status

este: this

esté: is

estereotipos: stereotypes

estiman: they estimate

estrellas: stars

estrictas: strict

estudiaba: was studying

estudiar: to study

estuviera: *como si estuviera burlándose de ella* as if he were making fun of her

evento: event

exactamente: exactly

exagerado: *un ruido exagerado* a ridiculously loud

examinando: examining

excepto: except

exclama: exclaims

exclusivo: exclusive

exijan: they demand

exóticas: exotic

explica: explains

explotó: exploded

extinción: extinction

extranjeros: foreigners

extraña: weird

extremadamente: extremely

F

fábrica: factory
fácil: easy
fácilmente: easily
familia: family
famosas: famous
favor: *por favor* please
feliz: happy
feriado: *feriado puente* long weekend
fiesta: party
fila: line
fin: end, *por fin* finally, *al fin* at the end
finalmente: finally
flotando: floating
fogatas: bonfires
fondo: the back room
forma: form
forman: they form
fornido: muscular

fotos: photos
frente: forehead
frijoles: beans
frontera: border
frío: cold
fue: was
fuera: outside, *como si fuera* as if it were, *si fuera* if it were
fueran: *como si fueran* as if they were
fueron: they were; they went
fuerte: strong
fútbol: soccer
futuro: future

G

ganan: you all win
garganta: throat
gemelas: twins
generar: generate
gente: people
gestos: gestures

gloria: glory

gobierno: government

gracias: thanks

gráficas: *unas escenas gráficas* some graphic (violent) scenes

gran: big

grande: big

gris: grey

grita: shouts

gritando: shouting

grupo: group

gubernamental: governmental

guerra: war

gusta: likes

gustaba: liked

gustan: likes

gustaría: would like

ha: has, *ha hablado* has spoken, *ha mostrado* has shown, *ha sido* has been

haber: *puede haber* there could be

había: there was

habían: there were

habitual: habitual

habla: speaks

hablaba: used to speak

hablado: *nunca ha hablado* she has never spoken

hablamos: we speak

hablan: they speak

hablando: speaking

hablar: to speak

hablarán: they will speak

hablas: you speak

hablemos: we speak

hables: you speak

habrá: there will be

habría: there would be

hace: does, makes; *hace unos meses* a few months ago, *hace unos años atrás* a few years ago, *hace surf* surf

hacen: they do
hacer: to do
hacerles: make them
hacerte: to make you
haces: you do, you make
hacia: towards
haciendo: doing, making
han: they have
hará: will do, will make
haremos: we will make, we will do
haría: would do, would make
has: you have
hasta: until
hay: there is, are
haya: there is, are
he: I have
hecho: done
helicópteros: helicopters
hice: I did, made
hicieron: they did, made
hija: daughter
historia: story
hizo: did, made

hocico: snout
hola: hi
hombre: man
hora: hour
horizonte: horizon
hubiera: had *como si nada hubiera pasado* as if nothing had happened
hubieran: they had *como si nunca hubieran tocado* as if they had never touched
huele: smells
huevos: eggs
humano: *ser humano* human being

iba: was not going *no iba a dejar* was not going to allow

iban: they would go *cuando iban de pesca* whenever they would go fishing

ibas: you were going to

idea: idea

idiota: idiot

igual: same; *me da igual* it does not matter to me

imagina: imagines

imaginar: to imagine

impedir: to prevent

importante: important

imposible: impossible

impresiona: impresses

impresionado: impressed

incluyen: they include

inesperado: unexpected

inglés: English

injusticia: injustice

Inmediatamente: immediately

inmigración: immigration

insistía: insisted

inteligente: intelligent

intentando: trying

interés: interest

interesante: interesting

interpretó: *interpretó el rol* played the role

interrumpe: interrupts

investigaciones: research

investigar: to investigate

invierno: winter

invitó: invited

involucrarse: to get involved

ir: to go

irnos: *tenemos que irnos* we must leave

irresistible: irresistible

J

jalapeños: a kind of hot pepper

japonesa: Japanese

Japón: Japan

jefa: boss

juegan: they play

juegas: you play

jugaban: they were playing

jugada: a play

jugador: player

justo: fair

jóvenes: young people

K

kilómetro: kilometer, a measure of

distance a bit more than a half mile

L

la: the; her; it

lado: side

lagartijas: lizards

lágrima: tear

laguna: lagoon

lamentablemente: unfortunately

largo: long

las: the; them

lavarlos: to wash them

lavarme: to wash my

le: to her, for her

leer: to read

lejos: far

les: to them, for them

levanta: gets up

levantar: *sin levantar*

sospechas without raising suspicion
levantarse: to get up
levántese: get up
leyendo: reading
limpia: clean
línea: line
listo: ready
llama: calls *se llama* is named
llega: arrives
llegado: arrived
llegan: they arrive
llegando: arriving
llegar: to arrive
llegaron: they arrived
llegó: arrived
lleva: brings
llevan: they bring
llevando: bringing
llevar: to bring
llevarla: to bring her
llorosos: tearful
lo: it
local: local
loco: crazy
locura: craziness
los: it, them
lucha: struggle
luchar: to struggle

luego: then
lugar: place
lunes: Monday
luz: light

M

madre: mother
malhumor: bad mood
malo: bad
mamá: mom
mamífero: mammal
mañana: morning
maneja: drives
manera: manner
mano: hand
mantener: maintain
mantiene: maintains
marea: tide
marina: marine
más: more
matar: to kill
matricularse: to register
mayores: older
mayoría: majority

me: me

Meche: nickname for Mercedes

media: *media hora* half an hour

mediados: in the middle of

medio: *medio de la noche* middle of the night; *medio ambiente* environment

mejor: better

mencionar: mention

menos: less

mentiras: lies

mentirle: to lie to him

mentirosos: liars

mentirte: to lie to you

Mercedes: the first name of the main character, although almost everyone calls her Meche

mesa: table

meses: months

método: method

metros: meters

mexicana: Mexican

mexicano: Mexican

México: Mexico

mi: my

miedo: fear

miente: lies

mienten: they lie

mientes: you lie

mientras: while

migración: migration

mija: my daughter

miles: thousands

minutos: minutes

mira: looks

mirada: a glance

miran: they look

mirando: looking

mirándola: looking at her

mirar: to look

mirarte: to look at you

mis: my

misión: mission

misma: the same

mismo: the same

mochila: backpack

modos: *de todos modos* in any case

momento: moment

montón: a huge amount, a pile

mostrado: shown

mostró: showed

motor: motor

mover: to move

movimiento: movement

muchacho: boy

muchas: many

mucho: many

mudó: moved

mueren: they die

muestra: shows

mueve: moves

mujeres: women

mundo: world

municipal: city

murmura: whispers

murmuraba: would whisper

muy: very

N

nacen: they are born

nacer: to be born

nacionalidad: nationality

nada: nothing

nadan: they swim

nadando: swimming

nadie: nobody

narcos: drug traffickers

natural: natural

naturaleza: nature

navíos: ships

necesario: necessary

necesita: needs

necesitamos: we need

necesitan: they need

necesitaremos: we will need

necesitas: you need

necesito: I need

negocios: business

negra: black

negro: black

nerviosa: nervous

nervioso: nervous

ni: not even; *ni... ni* neither... nor

niña: girl

ningún: none *ningún problema* not a single problem

ninguna: none, not a single one

NOAA: National Oceanographic and Atmospheric Administration

noche: night

nocivas: toxic

normal: normal

norte: north

nos: to us

nosotras: we

nosotros: we

nudo: knot

nuestra: our

nuevo: new

nunca: never

Oceanografía: Oceanography

ofensiva: offensive

oficial: official

ojo: eye

ola: wave

oler: to smell

olor: smell (noun)

olvidaron: they forgot

opinión: opinion

organiza: organizes

organización: organization

oscuro: dark

otra: other

otro: other

oye: hears

O

o: or

observan: they observe

observar: to observe

obvio: obvious

océano: ocean

P

padrastro: stepfather

padre: father

palabra: word

panga: small boat

papá: dad

papel: paper
papeles: papers
para: for; in order to
paralelo: parallel
parar: to stop
pararlo: to stop it
parece: seems
parecen: they seem
parientes: relatives
parte: part
partido: game
partir: to leave
pasa: passes
pasaba: used to pass
pasado: past
pasan: they pass
pasaporte: passport
pasar: to pass
pasas: you pass
pase: pass
pasillo: hallway
paso: *paso de inmigración* immigration booth
patio: patio
paz: peace
país: country
pedido: asked
pedir: to ask
película: movie
peligro: danger

pena: *no valía la pena* it was not worth it
pensado: thought
pensando: thinking
pensar: to think
pensarlo: to think about it
pensó: thought
pequeña: small
perdí: I lost
permiso: excuse me
pero: but
perro: dog
personalidad: personality
personas: people
pertenecía: belonged
pesca: *cuando iban de pesca* whenever they would go fishing, *red de pesca* fishing net
pescadores: fishermen
peso: weight
picante: spicy
pidiendo: asking
pie: foot

piel: skin
piensa: thinks
piensan: they think
pienso: I think
pierde: loses
pies: feet
pisa: steps on
planeadas: planned
planes: plans
platos: plates
playa: beach
poblaciones: populations
población: population
pobreza: poverty
poco: little, *poco a poco* little by little
pocos: *los pocos amigos* the few friends
podemos: we can
poder: to be able to
podría: would be able to
podía: was able to
policía: police
política: politics, policies
políticos: politicians

pone: puts, *lo pone nervioso* it makes him nervous, *se pone roja* it gets red
ponen: they put
pongas: *no te pongas triste* don't get sad
popular: popular
por: for, through; *¿por qué?* why, *por debajo* underneath, *por favor* please, *por fin* finally, *por eso* for this reason
porque: because
portería: goal
portuario: *proyecto portuario* port project
posibilidad: possibility
posible: possible
poste: post
practicando: practicing
practicar: to practice
practicas: you practice

prefiero: I prefer

pregunta: asks

preocupa: worries

presentación: presentation

presentar: to present

presentes: *todos los presentes* everyone present

presta: *presta atención* pay attention

primavera: Spring

primera: first

primero: first

problema: problem

profe: teacher

profesor: teacher

profesora: teacher

prohíbe: prohibits

prólogo: prologue

pronto: soon

propia: own

propias: own

propuso: proposed, suggested

proteger: to protect

protegerlo: to protect it

protegidas: protected

protesta: protests

protestar: to protest

proyecto: project, *proyecto portuario* port project

publicidad: publicity

pudiera: *como si no pudiera creer* as if he could not believe

pueblo: village; *pueblo unido* united group of people

puede: can

pueden: they can

puedes: you can

puedo: I can

puente: *feriado puente* long weekend

puerta: door

pues: well... (filler word)

pulmones: lungs

pura: pure

Q R

que: that
qué: what
queda: remains
quedan: remain
quedarme: to
   remain
quedarse: to remain
quedarte: to remain
queremos: we want
quería: wanted
quién: who
quiere: wants
quieren: they want
quieres: you want
quiero: I want
quinceñera:
   celebration for a
   girl´s fifteenth
   birthday
quite: takes away
quizás: perhaps

rato: *por un rato* for
   a moment
razón: *tiene razón* is
   right
reacciona: reacts
reacción: reaction
realidad: reality
rechazada: rejected
recitar: to recite
reclinado: reclined
recoge: picks up
recoger: to pick up
recogerla: to pick
   her up
reconoce:
   recognizes
recordar: to
   remember
recuerda: remember
recuerdo: *no la*
   recuerdo bien
   I don't really
   remember it
recursos: resources

red: net
regalo: gift
reglas: rules
regresa: returns
regresan: they return
regresando: returning
regresar: to return
repente: *de repente* suddenly
reporteros: reporters
representantes: representatives
representar: to represent
requieren: they require
reserva: *una reserva natural* a natural reserve, a protected area
resistir: to resist
respirar: to breathe
responde: responds
respondió: responded
responsable: responsible

restaurante: restaurant
resto: rest
reunieron: they got together
revisen: they review
revisar: to review
reían: they laughed
risas: laughter
rocas: rocks
roja: red
rol: role
romántico: romantic
ropas: clothing
rubios: blond
ruido: noise
ruta: route
rápidamente: rapidly
rápido: quick
ríe: laughs
rústica: rustic, basic

S

sabe: knows
saben: they know

saber: to know
sabes: you know
sabía: knew
sacan: they take out
sacos: *sacos de dormir* sleeping bags
sal: salt
sala: room *sala de espera* waiting room
sale: leaves
salen: they leave
salieron: they left
salió: left
salir: to leave
salsa: salsa
salta: jumps
saltando: jumping
saluda: greets
salvar: to save
salvavidas: lifejacket
salvemos: let's save
salvo: except
sé: I know
sean: they are
seas: *no seas así* don't be like that
secreta: secret
secretos: secrets
segundos: seconds

seguro: I am sure
seis: six
semana: week
semestre: semester
señala: points towards
señalando: pointing towards
sencillas: simple
señorita: young lady
sensibles: sensitive
sentada: sitting
sentados: sitting
sentarse: to sit down
sentía: felt
sentir: to feel
sepa: knows
ser: to be
será: it will be
seres: *seres humanos* human beings
sería: would be
serían: they would be
serio: serious
serpiente: snake
si: if
sí: yes
Siberia: Siberia

sido: been

siempre: always

sienta: sits

siente: feels

siete: seven

significaba: meant

sigue: *sigue corriendo* keeps running *sigue en peligro* is still in danger

siguen: *siguen examinando* they keep examining

siguiente: following

silencio: silence

sillas: chairs

simplemente: simply

sin: without

singular: singular

sirviera: *si sirviera* if she were to serve

snorkel: *hacer snorkel* to go snorkeling

sobre: on

sofá: sofa, couch

sol: sun

sola: alone

solamente: only

solas: *a solas* alone

solo: only

solucionar: solve

soluciones: solutions

son: they are

sonreír: to laugh

sonrisa: smile

sonrisas: smiles

sonríe: smiles

sorprendida: surprised

sorpresa: surprse

sospechas: *sin levantar sospechas* without raising suspicion

soy: I am

su: her, his

sube: rises up

suben: they come up, the climb up

súbete: get in

subido come up

subir: to come up

submarino: underwater

subía: came up

sucios: dirty

suelo: ground, floor

suerte: luck

sufrimos: we suffered

sumamente: extremely

superficie: surface

supiera: *como si supiera* as if he knew

supieron: they found out

sur: south

surf: *hacer surf* to surf

surfistas: surfers

surja: surges forward

sus: their

T

tabla: *tabla de surf* surf board

tal: *de tal manera* in such a manner

tamaño: size

también: also

tampoco: neither

tan: so

tanta: such

tanto: such

tarde: afternoon

taza: cup

te: you

tele: TV

teléfono: telephone

televisión: television

tema: subject

temblando: trembling

temporada: season

tenemos: we have

tener: to have

tengan: they have

tengo: I have

teníamos: we had

termina: ends

terminado: ended

termine: ends

terminó: ended

ti: you

tiempo: time

tiendas: stores

tiene: has

tienen: they have

tienes: you have

Tijuana: a city in Northern Mexico,

across the border from San Diego

tíos: uncles

tímida: timid

toca: *nos toca a nosotras* it is our turn*; cuando te toca* when it is your turn

tocado: touched

tocan: they touch

tocarán: they will touch

toda: all

todavía: still

todo: all

todos: all

Tokio: Tokyo

toma: takes

toman: they take

tomar: *tomar aire* to breathe

tomen: they take

tomó: took

toque: *dejan que la gente los toque* let people touch them*; cuando te toque* when it is your turn

torpes: awkward

tortillas: tortillas

total: total

tóxica: toxic

trabaja: works

trabajado: worked

trabajan: they work

trabajar: to work

trabajen: they work

trabajo: job, work

traduce: translates

trajimos: we brought

trastes: dishes

trata: *trata de* tries to*; se trata de* it is about

treinta: thirty

tres: three

triste: sad

trágico: tragic

tu: your

tú: you

turistas: tourists

tus: your

U

último: last
un: a
una: a
unas: some
única: only
único: only
unido: united
unidos: united;
   Estados Unidos
   United States
unirse: joining
universidad:
   university
universitarios:
   university
uno: one
unos: some
ustedes: you all

va: goes
vacío: empty
vale: okay
valía: *no valía la*
   pena was not
   worth it

vamos: we go
van: they go
vaya: goes
vayan: they go
vayas: you go
ve: sees
vean: they see
veces: times
veinte: twenty
vemos: we see
ven: they see
vendrán: they will
   come
venir: to come
ventana: window
ver: to see
verano: summer
verdad: truth
verdadera: true
verificar: verify
vez: time
viaja: travels
viaje: trip
victoria: victory
vida: life
viejos: old
Vietnam: Vietnam
vietnamita:
   vietnamese
vigila: stands guard
vimos: we saw

vino: came

vio: saw

visitantes: visitors

visitar: to visit

vista: view

visto: seen

visual: *contacto visual* visual contact

vive: lives

viven: they live

vivía: lived

vivían: they lived

vivir: to live

vivo: alive

voces: voices

volcaban: used to flip over

volcar: to flip over

voluntarios: volunteers

volver: to return

volvió: returned

voy: I go

voz: voice

vuelta: *se da vuelta* turns around

vuelve: returns

vulnerables: vulnerable

y: and

ya: already; *ya no* no longer

yo: I

A succinct guide to teaching non-heritage learners of Spanish: available on **M**y**G**eneration**O**f**P**olyglots.com and Amazon.

"I wanted to let you know how much I'm enjoying and learning from your book. I've been using TPRS for over 15 years. I've seen lots of wonderful changes in the TPRS world. I started completely with a scripted story (Blaine Ray) and am now experimenting with OWI and Invisibles (Tina and Ben). Your book has really helped me combine all the great changes as I experiment with them this year in my classes. Thank you!"

– Elaine Winer, Chicago

Profe Murray
@ProfeMurray

I recommend @mike_peto 's new book. For new or seasoned CI folks alike, it's loaded with good ideas, no matter your teaching context.

9:48 AM - 2 Mar 2018

8 Retweets **19** Likes

💬 1 🔁 8 ♥ 19 ✉

• • •

"I just picked up your book, Superburguesas, again today during #FVR and the students were distracted by how much I was laughing!"

Grant Boulanger
@grantboulanger
2017 ACTFL TOY Finalist
2016 CSCTFL TOY
2015 MCTLC TOY

A class novel co-written and inspired by my Spanish 1 classes. Crazy plot twists in comprehensible Spanish, with 31 illustrations including 5 full page cartoons to help the reader imagine what is happening in the story. There are also word clouds for chapters 1-10 and a **FREE** teacher's guide for the Spanish edition available for download from my website: **https://bit.ly/2JcrX78**

"I had a student volunteer to do a presentation on Superburguesas. She went into MAJOR detail about what happened ALL OFF THE TOP OF HER HEAD! It was amazing. I had a member of our admin observing and he was blown away! So great. She obviously loved the book! Now the rest of the kids want to read it!" - *Katie Sevilla, Spanish teacher*

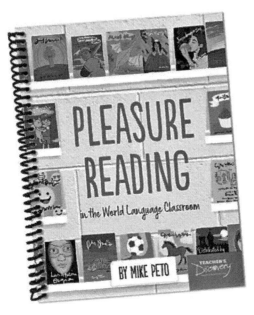

"He shares lots of nitty gritty practical tips on setting up pleasure reading in your classroom... browsing, accountability, building your classroom library, building excitement and establishing a culture of reading"

Adrienne Brandenburg

Do you want your students to expand their vocabularies exponentially and improve their grammar painlessly? Get them reading for pleasure in the target language! The secrets to a successful reading program don't lie in tediously dissecting massive quantities of text as a class, required reading logs, or threats of punishment for non-readers. Learn how to support your readers (especially the reluctant ones), and connect kids with the "home run" books that will make them LOVE reading and WANT to do it a lot!

"It's a great book! Today I just finished reading Mike Peto's essay on how to create a school-community based newspaper writing project in the heritage classes. I'm gonna do it! This collection of essays is one of a kind."
- Sean Lawler

"It's past my bedtime but I cannot put down the 2nd edition of Practical Advice! This is so awesome!"
- Rachel Rodriguez

A collection of essays by 20 classroom who discuss the challenges and rewards they have experienced teaching heritage learners of Spanish. Reaching heritage learners is the pressing but often ignored challenge facing our profession; with this book we intend to put an end to that.

Coming soon

Hamburguesas normales

The much anticipated graphic novel prequel to Superburguesas! Delving deep into Jessica's childhood, you will learn the secrets her father has kept hidden from the world, why the burgers at *Superburguesas* are not very tasty and why Jessica developed a completely irrational crush on Rodney, the employee who never washes his hands at work.

This is a novel for level 1 students that will be thoroughly enjoyed by level 4 students.

La agencia de detectives Superburguesa & Superburguesa

The sequel to *Superburguesas*: Jessica and her dad team up in this Pick-Your-Own-Path interactive novel full of adventure and surprises.

To be released sometime in the future

* * *

Made in the USA
Monee, IL
11 September 2019